AF315531

4 Avril 1906.

marqué P

VENTE

HOTEL DROUOT — SALLE N° 9

Le Mercredi 4 Avril 1906

A DEUX HEURES 1/4

Collection de M. S···

Anciennes Porcelaines de Saxe

D'ALLEMAGNE, DE SÈVRES, CAPO DI MONTE, CHINE ET JAPON

Miniatures, Objets de Vitrine, Orfèvrerie

BRONZES DU XVIe SIÈCLE - TAPISSERIES

Mᵉ Gaston FRANÇOIS	**M. Arthur BLOCHE**
COMMISSAIRE PRISEUR	EXPERT PRÈS LA COUR D'APPEL
23, Rue Le Peletier, 23	51, Rue Saint-Georges, 51

EXEMPLAIRE DE H. STETTINER

EXPOSITION PUBLIQUE

Le Mardi 3 Avril 1906, de 2 heures à 6 heures

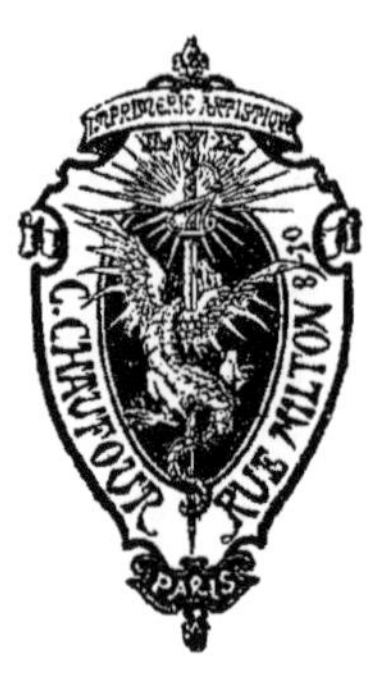

CATALOGUE

DES

ANCIENNES

PORCELAINES de SAXE

de

Charles Théodore, Frankenthal, Fürstenberg
Höchst, Ludwigsburg, Niederwiller
Vienne, Sèvres, Capo di Monte, Chelsea, Wedgwood
Chine et Japon

GROUPES, FIGURINES, PIÈCES DE FORME ET DE SERVICE

Boîtes, Bonbonnières, Miniatures, Bijoux anciens, Orfèvrerie

BRONZES DU XVIe SIÈCLE

Gravures Anglaises

TAPISSERIES ANCIENNES

Composant la Collection de M. S...

DONT LA VENTE AURA LIEU

HOTEL DROUOT — SALLE N° 9

Le Mercredi 4 Avril 1906, à 2 heures ¼

Me Gaston FRANÇOIS	M. Arthur BLOCHE

Me Gaston FRANÇOIS
COMMISSAIRE-PRISEUR
Successeur de Me G. BONNAUD
23, Rue Le Peletier, 23

M. Arthur BLOCHE
EXPERT
près la Cour d'Appel
51, Rue Saint-Georges, 51

Chez lesquels on trouve le présent Catalogue

EXPOSITION PUBLIQUE

Le Mardi 3 Avril 1906, de 2 heures à 6 heures

CONDITIONS DE LA VENTE

Elle sera faite au comptant.

Les acquéreurs paieront 10 o/o en sus des enchères.

L'exposition mettant le public à même de se rendre compte de l'état des objets, il ne sera admis aucune réclamation une fois l'adjudication prononcée.

PARIS. — IMP. C. CHAUFOUR, 8 & 10, RUE MILTON

DÉSIGNATION

PORCELAINES
DE SAXE ET D'ALLEMAGNE

GROUPES — FIGURINES
PIÈCES DE FORME ET DE SERVICE

1 — **Vieux Saxe**. Garniture de trois pièces, forme éléphants, montures en bronze ciselé et doré, dessin à rocailles de style Louis XV.

2 — **Vieux Saxe**. Vase avec couvercle sur trois mascarons, décor en relief à rehauts d'or, représentant des motifs siamois et des rosaces.

3 — **Vieux Saxe**. Ecuelle avec plateau et couvercle, décor à fleurs en relief et insectes sur

fond blanc avec médaillon en camaïeu à personnages au centre du plateau et au centre du couvercle.

4 — **Vieux Saxe.** Sucrier et plateau, décor à papillons et autres insectes en camaïeu violet.

5 — **Vieux Saxe.** Corbeille ovale treillagée à deux anses, décorée de fleurs en relief et dans le fond de bouquets de fleurs détachés.

6 — **Vieux Saxe.** Ecritoire composé d'un grand plateau et deux petits vases, décor à rocailles, fleurs et médaillons à personnages, d'après Watteau, accompagné d'un petit flambeau assorti et postérieur d'époque.

7 — **Vieux Saxe.** Grand plateau à deux anses, forme à contours, fond en relief, décor à bouquets de fleurs.

8 — **Vieux Saxe.** Plateau oblong, fond blanc à relief, décor à bouquets de fleurs.

9 — **Vieux Saxe.** Plateau forme feuille, décor à bouquets de fleurs.

10 — **Vieux Saxe**. Plateau oblong, décor bouquets
de fleurs.

11 — **Vieux Saxe**. Bol décoré d'une scène de
buveurs et d'une scène familiale.

12 — **Vieux Saxe**. Théière octogonale, décor vue
de village maritime et à rehauts d'or.

13 — **Vieux Saxe**. Théière décorée de médaillons
à personnages dans des paysages, encadrement à rehauts d'or.

14 — **Vieux Saxe**. Flacon à thé, décor à scène
galante et paysage.

15 — **Vieux Saxe**. Deux petits bols, décor balus-
trades fleuries à rehauts d'or. Marque au
sceptre de Mercure.

16 — **Vieux Saxe**. Tasse trembleuse, décor à
fleurs en relief.

17 — **Vieux Saxe**. Tasse et soucoupe, décor à
fleurs et oiseaux en bleu et or et sujet mytho-
logique en rouge, attribué à Bottengruler.

18 — **Vieux Saxe**. Tasse et soucoupe, décor en relief à fleurs et personnages avec chien et mouton au fond de la soucoupe.

19 — **Vieux Saxe, Première Epoque**. Sucrier ovale avec couvercle, décor jardinier et jardinière, petit paysage et ornements à rehauts d'or.

20 — **Vieux Saxe**. Grande figurine représentant un jardinier tendant son chapeau rempli de fleurs.

21 — **Vieux Saxe**. Petit groupe : Joueur de flûte et chien, costume décor à fleurs.

22 — **Vieux Saxe**. Figurine : Allégorie de l'été, enfant assis sur un socle carré à rehauts d'or.

23 — **Vieux Saxe**. Figurine représentant l'Afrique sous les traits d'un nègre apprivoisant un faucon.

24 — **Vieux Saxe**. Figurine de petite fille portant une corbeille de fleurs.

25 — **Vieux Saxe**. Figurine de petite fille dansant, robe violette, corsage à fleurs.

26 — **Vieux Saxe.** Figurine : l'Amour marchand de coco.

27 — **Vieux Saxe.** Figurine : Le petit vendangeur.

28 — **Vieux Saxe.** Figurine d'enfant déclamant, en costume vert et rose.

29 — **Saxe Marcolini.** Ecuelle avec couvercle et plateau, décor à bandes bleues, fond blanc à fruits et oiseaux et bordure rose truitée d'or.

30 — **Saxe Marcolini.** Petit poëlon avec couvercle, décor à côtes tournantes et bouquets de fleurs.

31 — **Saxe Marcolini.** Grand plat et deux autres de différentes grandeurs, décor à scènes enfantines, bordures truitées roses et guirlandes de fleurs rehaussées d'or.

32 — **Saxe Marcolini.** Petite assiette, bordure à jour, décor bouquets de fleurs.

33 — **Saxe Marcolini.** Groupe de quatre figures d'enfants : Allégories aux Saisons.

34 — **Saxe Marcolini.** Groupe de deux enfants décapitant un sanglier.

35 — **Saxe Marcolini.** Figurine : Petite fille dansant.

36 — **Saxe Marcolini.** Figurine représentant un batelier.

37 — **Saxe.** Ecritoire composé d'un plateau, un encrier et une poudrière, fond d'or à fleurs.

38 — **Saxe.** Ecritoire composé d'un plateau, un encrier et une poudrière, décor à fleurs.

39 — **Saxe.** Sucrier ovale avec couvercle, décor paysage et oiseaux dans le goût chinois et à rehauts d'or.

40 — **Saxe.** Petit encrier forme corbeille, fond blanc rehaussé d'or, de vert et de rose.

41 — **Saxe.** Deux petits poêlons avec couvercles, décor à bouquets de fleurs.

42 — **Saxe.** Deux vases, décor à bouquets de fleurs et insectes.

43 — **Saxe**. Plateau oblong à contours, fond vannerie, décor à bouquets de fleurs et médaillons vues maritimes.

44 — **Saxe**. Deux assiettes, décor de médaillons à petits sujets chinois, encadrement violet et or, bouquets et guirlandes de fleurs.

45 — **Saxe**. Six assiettes, bords ajourés, fond vannerie, décor bouquets de fleurs.

46 — **Saxe**. Six tasses mignonettes avec leurs soucoupes, décor bouquets de fleurs.

47 — **Saxe**. Deux perdrix formant sucriers, posant sur corbeilles vannerie.

48 — **Saxe**. Deux citronniers chargés de fruits, de fleurs et de feuillages dans leurs bacs décorés de mascarons à rehauts d'or.

49 — **Saxe**. Plante dans son bac décoré de mascarons à rehauts d'or.

50 — **Saxe**. Coffret monté à charnières en cuivre et décor à bouquets de fleurs.

51 — **Saxe**. Figurine d'arlequin jouant de la cornemuse.

52 — **Saxe**. Figurine de Shylock.

53 — **Saxe**. Figurine représentant le galant jardinier.

54 — **Saxe**. Figurine de petit garçon tenant bouteille et verre en main.

55 — **Allemagne**. Deux corbeilles fond vannerie bordures treillagées, décor à bouquets de fleurs.

56 — **Charles Théodore**. Figurine en robe rayée : Petit buveur coiffé d'un grand chapeau

57 — **Vieux Frankenthal**. Figurine de paysanne portant sur sa tête un baquet.

58 — **Vieux Furstenberg**. Figurine allégorique l'Eté : Enfant assis sur un socle.

59 — **Furstenberg**. Groupe : Jeune berger assis avec son chien.

60 — **Herend**. Tasse et soucoupe gros bleu de roi à médaillons oiseaux encadrement rehaussé d'or.

61 — **Höchst ancien**. Deux jardinières carrées, décor à bouquets de fleurs.

62 — **Höchst ancien.** Figurine de petit Chinois tenant une guirlande de fleurs

63 — **Vieux Ludwigsburg.** Figurine d'enfant nu jouant de la flute sur socle à jour.

64 — **Ludwigsburg.** Groupe de danseur et danseuse se tenant par la main.

65 — **Niederwiller.** Groupe de deux enfants se disputant du raisin.

66 — **Vieux Vienne.** Groupe de deux personnages : Shylock et Jessica.

67 — **Vieux Vienne.** Groupe de trois figures d'enfants : allégorie aux sciences et aux arts.

68 — **Vieux Vienne.** Groupe de deux figures : Paysan faisant une déclaration à une paysanne.

69 — **Vienne.** Assiette représentant Flore et l'Amour chez le peintre, bordure à ornements en polychrome sur fond d'or.

BOITES, ÉTUIS, FLACONS

70 — **Vieux Saxe**. Boîte rectangulaire décorée à l'intérieur et à l'extérieur de paysages avec petits personnages et cavaliers, monture à charnières en argent.

71 — **Vieux Saxe**. Boîte rectangulaire décorée à l'intérieur et à l'extérieur de paysages avec petits personnages et cavaliers, monture à charnières en argent.

71 *bis* — **Vieux Saxe**. Boîte rectangulaire, décor à scènes d'enfants, encadrement en relief en blanc offrant à l'intérieur le portrait de Marie-Thérèse d'Autriche, monture à charnières en cuivre doré.

72 — **Vieux Saxe**. Etui, décor à guirlandes de fleurs, monté à charnières.

73 — **Vieux Saxe**. Flacon formé par une figurine de petit chasseur.

74 — **Vieux Saxe**. Petit chien couché.

75 — **Saxe.** Boîte rectangulaire décorée de scènes champêtres en couleurs encadrées de rocailles en violet, monture à charnières en argent.

76 — **Saxe.** Boîte haute et cintrée, décor à sujets chinois, monture argent à charnières.

77 — **Saxe.** Boîte forme coquille, décorée sur le couvercle de sujet guerrier, partie inférieure à godrons, monture argent à charnières.

78 — **Saxe.** Drageoir forme coquille, décor bouquets de fleurs, intérieur avec portrait de Ziethen, monture argent.

79 — **Saxe.** Bonbonnière sur trois pieds à branchages fleuris, décor à bouquets détachés.

80 — **Saxe.** Etui fond vannerie, médaillons à petits personnages, monture or.

81 — **Saxe.** Petit flacon, forme gourde, décor à personnages et fleurs en camaïeu vert.

82 — **Saxe.** Petite figurine représentant Louis XV et montée en étui.

83 — **Saxe.** Pantoufle fond vert à fleurs.

84 — **Allemagne.** Boîte forme éventail, décor camaïeu violet et or, monture argent.

PORCELAINES DIVERSES

85 — **Vieux Sèvres, pâte tendre.** Deux petits plats ovales décorés de bouquets et de guirlandes de fleurs, entrebande gros bleu à rehauts d'or.

86 — **Capo di Monte.** Figurine d'arlequin tenant un pichet à la main.

87 — **Capo di Monte.** Groupe de trois figures : enfants et petit faune jouant avec des raisins.

88 — **Vieux Chelsea.** Flacon formé par une figurine de paysanne.

89 — **Wedgwood.** Deux flambeaux formés de gaînes à quatre faces décorées de personnages et de brûle-parfums, montures en bronze doré. Epoque Louis XVI.

90 — **Wedgwood.** Œuf de Pâques, décor à groupes de têtes de chérubins, figures d'enfants et soleil.

91 — **Vieux Chine.** Potiche avec couvercle décorée d'oiseaux aux ailes déployées et de rinceaux fleuris.

92 — **Vieux Chine (famille rose).** Plat octogonal représentant au centre une réunion de musiciens, bord à médaillons, paysages sur fond rose à fleurs.

93 — **Vieux Chine.** Deux groupes de deux enfants, décor de la famille verte.

94 — **Vieux Chine.** Douze tasses et dix soucoupes gros bleu à rehauts d'or avec médaillons en éventail à fleurs rouge et or.

95 — **Vieux Japon.** Figurine représentant un personnage s'appuyant sur un bâton, costume noir et rouge relevé d'or.

96 — **Hispano-mauresque.** Plat à ombilic, décor à reflets métalliques. xve siècle.

MINIATURES, BIJOUX ANCIENS

97 — Miniature ovale sur ivoire, portrait de grande dame en robe rose à corsage décolleté coiffure à frisettes, signée Périn, montée en médaillon dans un cadre à reverbère à bordure émaillée.

98 — Miniature ovale, portrait d'un officier anglais de la fin du XVIIIe siècle, attribuée à John Smart (signée), montée en or forme médaillon.

99 — Miniature ovale, portrait présumé de Largillière, attribuée à Bordier.

100 — Petite miniature sur argent, portrait d'homme à longs cheveux blonds. Ecole hollandaise, XVIIe siècle.

101 — Pendentif forme cœur en cristal de roche, monture en argent émaillé, offrant d'un côté le chiffre M. A. avec couronne et de l'autre une allégorie à la bénédiction. Commencement du XVIIe siècle (Vente Guilhou).

102 — Médaille en or à l'effigie de Ferdinand II
d'Autriche, portant la date 1625, montée en
pendentif en or émaillé, enrichie de perles et
d'une perle poire. xviie siècle.

103 — Petit drageoir en or ciselé et gravé, fond
et couvercle en jaspe sanguin, dessin à coquil-
les, griffe enrichie de perles. Epoque
Louis XV.

104 — Bonbonnière en poudre d'écaille rayée
offrant sur le couvercle un médaillon en bis-
cuit de Sèvres représentant le roi Louis XVI
et la reine Marie-Antoinette sous la couronne
royale, signée Worth, monture or. Epoque
Louis XVI.

105 — Bonbonnière ronde en écaille blonde, couvercle posé d'or. Epoque Louis XVI.

106 — Etui en vernis de Brunswick, décor à petits
amours, monture or. xviiie siècle.

107 — Médaillon ovale en Wedgwood, Femme
couronnant un buste, cadre en acier clouté.
Fin xviiie siècle.

108 — Coffret en nacre gravée, dessin à petits personnages et rocailles, monture à charnières en argent. XVIIIe siècle.

ORFÈVRERIE, BRONZES

OBJETS DIVERS

380

109 — Saint ciboire en argent repoussé et doré offrant des têtes de chérubins, des groupes de fruits, autour du pied on lit l'inscription : Esta cvstoda dona Clara Alemani vivda feta en loani 1668. XVIIe siècle.

400

110 — Coupe reliquaire forme bateau en argent repoussé et ciselé, décorée de têtes de femmes nimbées et de chérubins. Espagne. XVIIe siècle.

111 — Petit aquamanile forme lion héraldique en argent doré.

215

112 — Gobelet en noix de coco, monture en argent doré à cariatides, fruits et ornements, en partie XVIe siècle.

355

113 — Statuette en bronze doré représentant Hercule debout. Venise. XVIe siècle.

405

114 — Statuette en bronze : Faune dansant, re-
haussée de vestiges de dorure. xvie siècle.

115 — Coupe ovale en cristal taillé, monture en
bronze ciselé et doré, anses à têtes de béliers.

116 — Coffret à bijoux en cristal taillé et gravé
surmonté d'un miroir à double faces, monture
en bronze doré. Premier Empire.

117 — Presse-papier en nacre gravée avec figurine de femme et monture en bronze doré.
Epoque Premier Empire.

118 — Petite cave à odeurs, forme tonnelet rou-
lant avec petit flacon en cristal taillé, monture
en bronze doré. Epoque Premier Empire.

119 — Coffret en forme de châsse bois sculpté et
peint à fond d'or représentant des scènes du
Nouveau Testament.

120 — Statuette d'applique bois sculpté représentant un moine tenant une banderolle. Commencement du xvie siècle. (Une main et la
banderolle sont postérieurs).

121 — Deux gravures anglaises en couleurs : la
Paix et la Guerre, d'après Singleton, par
Whessell.

TAPISSERIES

122 — Belle tapisserie ancienne représentant un
paysage boisé animé de volatiles, avec bordure
à guirlandes de fleurs.

Long. : 3^{m}9o. Haut. : 3^{m}10.

123 — Tapisserie ancienne représentant des scènes de chasse dans un paysage boisé, personnages en costumes Henri II.

Long. : 2^{m}24. Haut. : 2^{m}3o.

124 — Objets omis.

www.ingramcontent.com/pod-product-compliance
Ingram Content Group UK Ltd.
Pitfield, Milton Keynes, MK11 3LW, UK
UKHW022337170726
13837UKWH00005BA/2297